AF586899

Les Vignettes

DE

Papiers militaires et administratifs

PENDANT LA RÉVOLUTION

à la Réunion de la Société archéologique, historique et artistique LE VIEUX PAPIER — 21 novembre 1905

Extrait des *Bulletins* nº 34 et nº 35. — Janvier-Mars 1906.

COMMUNICATIONS de MM. Henry VIVAREZ et Lucien RAULET

TIRAGE A QUARANTE EXEMPLAIRES

Nº

LILLE
IMPRIMERIE LEFEBVRE-DUCROCQ
88, rue de Tournai, 88

1906

Les Vignettes de papiers militaires et administratifs
PENDANT LA RÉVOLUTION

à la Réunion de la Société archéologique, historique et artistique LE VIEUX PAPIER — 21 novembre 1905.

Communications de MM. Henry **VIVAREZ** et Lucien **RAULET**

COMPTE RENDU

Nous constatons avec infiniment de plaisir combien nos réunions sont goûtées ; celle-ci réunissait trente-neuf membres, dont trente-sept convives ; c'étaient :

MM. Amelin, Barabino, Barbin, Bargallo, Brunschwicg, Causon, Chamboissier, Couriot, Creste, Daymard, Debacq, Devaux, Devoitine, Victor Dujardin, Eudes, Féron, Flobert, Fougeu, Fournier, Haas, Hartmann, Lacroix, Langlassé, Lay, Le Senne, Martin, Moutaillier, Parès, Perrot, Quenaidit, Raulet, Redon, Rey, Saffroy, Tausin, Tumbeuf, Verwaest, Vivarez et Lazare Weiller.

Nos confrères ont le plaisir, en se mettant à table, de trouver à leur place, non seulement le menu illustré des vignettes que l'on trouvera disséminées dans l'article de M. Vivarez, mais encore trois superbes planches italiennes d'en-têtes de lettres de la Révolution, envoyées par M. Bertarelli, et tirées sur les cuivres originaux ; puis une quatrième du même genre offerte par M. Vivarez, et aussi un exemplaire du menu du récent banquet de la Mutualité que M. Féron nous offre en grand nombre.

En ouvrant la séance, M. Vivarez souhaite la bienvenue parmi nous à quatre de nos collègues de province, MM. Barbin, Fougeu, Quenaidit et Redon, venus spécialement à Paris pour y assister, et à M. le Commandant Emm. Martin, le très distingué Directeur du « Carnet de la Sabretache », qui se fait inscrire comme membre de la Société.

Il adresse ensuite les remerciements de la Société à M. Bertarelli pour les reproductions qu'il a offertes, et, sur la proposition de M. Perrot, il est décidé de lui envoyer une adresse de remerciements. M. Lacroix offre une pièce de sa collection, sur laquelle M. Fournier calligraphie le texte qui est signé séance tenante par tous les assistants.

M. Vivarez aborde ensuite le sujet de la réunion, que nous donnons *in extenso* ci-après, puis M. Lacroix fait circuler une très remarquable série de lettres et d'en-têtes ornés de magnifiques gravures. Le défilé de ces documents retient longtemps l'attention des assistants qui ne se lassent pas de les admirer.

M. Barbin présente un certain nombre de pièces révolutionnaires, allant de l'an III à l'an XII. Il en a fait deux parts : l'une civile, l'autre militaire. Les pièces militaires sont les plus intéressantes.

La plupart des vignettes qui ornent ces documents portent des traces non équivoques de l'art gracieux du XVIIIe siècle. Les sujets sont traités tantôt dans un mode léger, tantôt dans un mode sérieux.

Ici, ce sont des amours joufflus qui soutiennent le cartouche de l'*Armée des Côtes de Brest* ; là, d'autres amours se tiennent dans des poses admiratives autour du bonnet phrygien.

Voici des instruments astronomiques, lunette et alidade, traversant des cercles méridiens au milieu desquels se dissimule l'*œil de la loi*, cet œil vigilant qui *se fronce devant la tyrannie*.

Puis, quelques manifestations mythologiques : des lions traînant un char antique où Mars,accompagné de Bellone,terrasse d'un coup de lance l'hydre des vices de la société que les républicains voulaient régénérer. Ce sentiment se fait encore jour dans une lettre du général Dutruy, datée du quartier général de Vannes le 19 messidor an VIII, caractérisée par cet exergue : *« Guerre à tous les vices »*.

Les attributs guerriers proprement dits sont presque rares. Quelques pièces seulement portent des trophées militaires, drapeaux et pièces de canons surmontés de casques.

Une curieuse lettre de l'armée d'Helvétie de l'an X est illustrée d'un triangle portant à la pointe le chapeau de Guillaume Tell et à la base une couronne de lauriers.

M. Raulet, abordant la partie technique, nous montre une remarquable suite de l'histoire du papier administratif sous la Révolution, qu'il fait précéder d'une Bibliographie des articles parus sur ce sujet. En raison de l'intérêt qu'elle présente pour ceux qui voudraient faire des recherches, nous la publierons *in extenso* ci-après.

MM. Langlassé, Saffroy, Quenaidit et Hartmann font aussi circuler de fort belles pièces.

Le Secrétaire général,

PAUL FLOBERT.

Communication de M. Henry VIVAREZ

Les vieux papiers de la Révolution sont une mine, en quelque sorte inépuisable, dans laquelle on a la fréquente surprise de découvertes nouvelles.

Qu'on les envisage au point de vue historique et documentaire, au point de vue de l'évolution des mœurs, à celui de la forme même, tout simplement, on trouve à y faire une ample moisson d'aperçus intéressants.

Fig. 1. — Lettre du 13 germinal an III des Administrateurs de l'Enregistrement et des Domaines nationaux.

Nous avons, aujourd'hui, à les examiner par l'un de leurs petits côtés, celui des vignettes qui les décorent, et des devises qui en soulignent le caractère.

Là, encore, nous trouvons matière à d'instructives observations.

Je vais faire passer sous vos yeux ma petite collection, très incomplète certainement et qui présente de nombreuses lacunes. Les belles pièces, celles qui

Fig. 2. — Lettre de Duvignau, général de brigade, commandant la 1re subdivision, au Quartier général, à Perpignan, le 17 prairial an II.

émanaient des grands corps de l'Etat et de ses hauts fonctionnaires, militaires ou civils, sont rares, et, depuis longtemps classées dans les grandes collections et dans les musées. Ce n'est que par fortune et en les payant très cher qu'on en découvre au hasard des ventes.

Vous n'en verrez que de rares spécimens dans l'ensemble que j'ai réuni.

Peut-être, malgré cela, ne sera-t-il pas indigne de votre attention.

Si on analyse ces vignettes au point de vue de leur signification, on remarque que, surtout dans les premières années de la Révolution, leur composition respire un symbolisme outré et un souvenir constant des époques grecque et romaine.

Le faisceau des licteurs consulaires avec sa hache s'y retrouve d'une façon presque constante, soit isolé (*fig. 1*[1]), soit tenu d'une main par une femme qui personnifie la Liberté ou la République et dont l'autre main tient le plus souvent une pique surmontée d'un bonnet phrygien.

Le bonnet phrygien est également un des attributs dont la représentation est la plus fréquente. Il affecte les formes les plus diverses et les plus étranges, jusqu'à celle qui rappelle le vulgaire bonnet de coton. Il est tragique ou ridicule. Mais on n'en riait pas alors: le rire coûtait trop cher!

Les tables de la Loi, avec l'inscription *Droits de l'homme*, les balances de la justice, le niveau égalitaire, le lion qui représente la force, les couronnes de chêne ou de lauriers, le glaive, l'autel de la patrie, le coq vigilant, etc., se retrouvent sans cesse dans ces petites compositions.

On y voit aussi fréquemment l'œil ouvert, symbole de la surveillance, avec ce mot inscrit sur la paupière et cette devise menaçante : *Il se fronce devant la tyrannie !* (Passeport du 14 germinal an X).

Voici une série de pièces qui montrent ces divers attributs, soit séparés, soit réunis.

Fig. 3. — Lettre du général de brigade, commandant la 1re subdivision de la 10e division, Perpignan, 15 prairial an VII.

D'autres documents, émanant d'administrations spéciales, sont ornés de vignettes appropriées à leur objet :

Carte géographique du département de la Seine sur le papier à lettre du Préfet, 6 frimaire an XIII.

Bois et Forêts. Lettre du 29 germinal an XI. Chien au pied d'un arbre.

Forêts. Lettre des administrateurs généraux des Forêts, 5 frimaire an II. Déesse casquée dans un bois.

Administrateurs de la Loterie nationale, 21 ventôse an II. Déesse assise. Roue de tirage.

Ponts et Chaussées. 2 germinal an IX. Déesse, armée d'un trident, sur une barque.

---

1. Lettre du 13 germinal an III des Administrateurs de l'Enregistrement et des Domaines nationaux.

Plus spécialement, les lettres militaires, émanant des chefs de corps ou même de simples officiers, offrent une grande richesse et une extrême variété d'ornementation.

En voici quelques exemples :

— Lettre de Michaud, commandant en chef de l'armée du Rhin, du 26 pluviôse an III, avec une vignette représentant le rocher des abus écrasant un esclave enchaîné, et sur lequel est assise une Liberté tenant d'une main les tables des droits de l'homme, de l'autre une pique surmontée d'un bonnet phrygien.

Fig. 4. — Lettre de Mainoni, général de brigade.

— Lettre du général en chef de l'armée du Nord (Beurnonville), 1er thermidor an IV, orné d'une très belle vignette avec de nombreux attributs.

— Lettre du général de brigade Duvignau, commandant la 1re subdivision. Au quartier général de Perpignan le 17 prairial an VI. Vignette représentée par la *fig.* 2.

Fig. 5. — Lettre du général de brigade Gratien, au Quartier général à Pontivy, le 16 pluviôse an X.

— Lettre du même, au quartier général de Perpignan, 25 prairial an VII. Vignette représentée par la *fig.* 3.

— Lettre du général de brigade Mainoni. En-tête non rempli. Vignette représentée par la *fig.* 4.

— Lettre du général de brigade Gratien. 16 pluviôse an X. Vignette représentée par la *fig.* 5.

— Lettre de Nicolas Roze, adjudant général. Datée de Janina, 9 messidor an VI, avec une très belle vignette représentant une revue de cavalerie. *fig. 6.*[1].

Cette lettre est intéressante par son texte que nous reproduisons ci-après :

Fig. 6. — Lettre de l'Armée d'Italie de Nicolas Roze, adjudant-général, Janina, 9 messidor an II.

A Janina, le 9me Jour de Messidor,
6me année de la République Française, une et indivisible.

Nicolas ROZE, Adjudant Général, Chef de l'État-Major de la Division,

au Citoyen CHABOL, Général de Division, commandant celle du Levant.

Citoyen Général,

Je suis arrivé le surlendemain de mon départ de Corfou à Jannina. J'y ai vu à mon arrivée les déplorables débris d'un incendie qui a brûlé plus de 800 maisons et fait périr plus de trois cents habitants, qui met la ville dans une grande tristesse.

J'ai rempli, citoyen général, la mission dont vous m'avez chargé ; Mouktar Pacha et Vely Pacha m'ont donné ma première audience avec les honneurs qu'on devait relativement à l'importante lettre que je leur apportais et à la nouvelle de la prise de l'Isle de Malte ; cette capture les a comblés de joye et elle a été répandue dans toute la ville avec la plus grande satisfaction, ce qui a diminué un peu la tristesse dans laquelle on se trouvait. L'entrée d'une si formidable escadre dans l'archipel a occasionné bien des réflexions aux deux Pachas qui toutes ont été satisfaisantes pour la République, je n'ai parlé d'aucuns

---

1. Le général Bonaparte, en route pour l'Egypte, occupa Malte le 11 juin 1798.

Avant d'en repartir « il envoya son aide de camp Lavalette, avec une lettre pour le fameux » Ali-Pacha de Janina, qui jusqu'alors avait montré des dispositions favorables envers la Répu- » blique française. Malheureusement le pacha était alors, hors de son gouvernement, occupé à » combattre Passawan-Oglou. Il avait joint les Turcs au camp sous Widdin, avec un contingent de » quinze mille hommes et il commandait, de ce côté, toutes les forces de la Porte ottomane. Cette » absence d'Ali contraria les projets de Bonaparte ; les negociations ne purent être entamées et » tout se réduisit à quelques lettres sans résultat. » (*Bonaparte en Egypte*, par M. Désiré Lacroix, pages 57-58). — La lettre ci-dessus est l'une de celles dont il est parle

desseins que nous pourrions avoir et j'ai laissé à leur sagacité à les présumer ; mais je suis persuadé qu'ils serviront avec plaisir tous les projets que nous pourrions avoir.

J'ai obtenu des Pachas tout ce que je leur ai demandé. Relativement aux prisonniers et à tous les autres objets, ils m'ont fait quelques objections relativement aux diverses créances que des sujets ottomans ont à Corfou dont ils ne peuvent tirer raison. Ils ont également de la peine à digérer le canon et les munitions qui sont parvenues à Moustapha Pacha.

Les malheurs arrivés à Janina retarderont mon retour de deux ou trois jours, je charge Morandiny de m'envoyer la felouque.

J'espère que la fête qui se célèbre demain aura été très brillante et qu'à la fatigue près, vous vous serez amusé.

Clous et Rasse (?) vous assure (*sic*) de leurs respects.

Rappelez-moi je vous prie au souvenir du Général Verrières et de vos affidés.

Salut et respect.
ROZE.

— Lettre de Gournay, Capitaine de la 8me Cie du second bataillon de la 13me demi-brigade d'Infanterie légère. Loudéac, le 10 vendémiaire an VIII. Vignettre représentée par la *fig. 7*.

Fig. 7. — Lettre de Gournay, capitaine de la 8e compagnie du second bataillon de la 13e demi-brigade d'infanterie légère, Loudéac, 10 vendémiaire an VIII.

Une mention spéciale doit être faite de la belle gravure de B. Roger, dont il existe plusieurs variantes.

Les devises qui accompagnent les vignettes, sont aussi variées que celles-ci.

La première que l'on rencontre est : *Liberté, Égalité*, accompagnée souvent de la mention *République Française une et indivisible*, et de l'anathème : *Mort aux tyrans, Paix aux Peuples* ;

Puis *Liberté, Egalité, Fraternité ou la mort* (Représentant du Peuple Français près les armées des Pyrénées Orientales et Occidentales, 23 floréal an II.)

Liberté, Egalité, Célérité, Simplicité, Sûreté dans les moyens (Agence des salpêtres et poudres. de la République, 6 vendémiaire an III.)

Liberté, Unité, Egalité (Représentant du Peuple délégué près l'armée des Côtes de Brest, 4 fructidor an II.)

Egalité, Liberté, Unité, Indivisibilité, Fraternité (Représentants du Peuple Français délégués dans les départements.)

République Démocratique ou la mort (A Toulouse le 16 frimaire, IIIe année de la République, une indivisible et populaire.)

Liberté, Egalité, Sûreté, Célérité (Directeur des Postes de Draguignan, 22 messidor an 10.)

Liberté, Egalité, Justice, Humanité (Lettre du Tribunal Correctionnel, Directeur du Jury d'accusation de l'arr[t] de Marseille, 6 germinal an VIII.)

Surveillance, Justice (Lettre du Substitut du Commissaire du Gouvernement près le tribunal criminel de l'Eure, 20 fructidor an IX.)

A côté de ces mots fatidiques et traditionnels, on trouve souvent des formules pittoresques :

Sur une vignette gravée de l'an III (Lettre du Représentant du peuple Laurenceau envoyé dans le Département de Loir et Cher), vous voyez, entre les trois sommets du triangle formé par les mots Liberté, Egalité, Fraternité, deux femmes assises : l'une tient un fusil et un bonnet phrygien, l'autre le niveau égalitaire et une table sur laquelle sont ces mots : « *Sans moi nul ne peut être libre* ». Au-dessus est une banderole surmontée d'un œil ouvert, avec ces mots : « Veillons pour elles. »

Sur un procès-verbal du Comité de sûreté générale de la Convention nationale (25 thermidor an III), on lit, d'un côté : « *Guerre aux Partisans de la Terreur* » ; de l'autre : « *Guerre aux partisans de l'émigration et de la royauté.* »

Sur une lettre de l'armée du Rhin (an III) : *La victoire ou la mort.*

Sur un certificat d'affiliation à la Société des amis de la République de Varzy, district de Clamecy (19 juin 1793), est une vignette avec ces mots : *Soyez dignes d'être républicains.* »

Sur un bon de réquisition pour la délivrance de grains, daté d'Issoire, le 17 messidor, an I, vous voyez écrit :

Courage (à la plume)
Liberté *Égalité*
Haine aux égoïstes
An II de la République, une, indivisible et impérissable.

Enfin, voici un document (Lettre des Agents généraux des Transports et Convois militaires, 28 vendémiaire an III) qui porte cette mention :

DÉCRET DU 19e JOUR DU PREMIER MOIS.

Art. I. — Le Gouvernement provisoire de la France est révolutionnaire jusqu'à la paix.

Art. VI. — L'inertie du Gouvernement étant la cause des revers, les délais pour l'exécution des Loix et des mesures de salut public seront fixes. La violation des délais sera punie comme un attentat à la liberté.

DÉCRET DU 23 VENTOSE

La résistance au Gouvernement révolutionnaire et républicain, dont la Convention Nationale est le Centre, est un attentat contre la liberté publique ; quiconque s'en rendra coupable, quiconque attentera par quelqu'acte que ce soit de l'avilir, de le détruire ou de l'entraver, sera puni de *mort*.

Le Comité de Salut public destituera conformément à la loi du 14 frimaire, tout fonctionnaire public qui manquera d'exécuter les décrets de la Convention nationale ou les arrêtés du Comité.

Voici maintenant deux pièces qui mentionnent les noms révolutionnaires de deux villes :

Extrait mortuaire. — Commune affranchie (Lyon), 3 ventôse an III.

Extrait du rôle d'équipage de la corvette La Victorieuse. Le Havre-Marat, 19 prairial, an II.

LIBERTÉ.  EGALITÉ.

AMOUR DU TRAVAIL.

Mézieres, le 16 Frimaire an X de la République Française, une et indivisible.

LE SECRETAIRE de la Société libre d'Agriculture, Arts et Commerce du Département des Ardennes,

---

Égalité, Liberté, Fraternité, Triomphe de la République, ou la Mort.

Par-devant

LES SANS-CULOTTES *composant l'Administration provisoire du* DISTRICT DE LA CAMPAGNE *de* COMMUNE-AFFRANCHIE, *séant à* GENIS-LE-PATRIOTE.

LIBERTÉ.  EGALITÉ.

FRATERNITÉ.

A Landan le 20 Brumaire l'an 2e de la République française une & indivisible.

~~Boisset~~ Crepin Commissaire des guerres au Citoyen Courtot Directeur principal des hôp

---

Fig. 5, 6 *et* 7. — (Coll. L. Raulet).

Les formules de salutation inscrites, à la fin des lettres méritent, que nous nous y arrêtions. Le « *Salut et Fraternité* » domine, accompagné d'abord du tutoiement démocratique. Mais il est complété quelquefois par des vœux exprimés d'une façon emphatique.

En voilà deux exemples :

L'un (que j'ai déjà cité dans le *Bulletin*) est une lettre banale de quatre lignes signée de Chateauneufrandon (15 floréal, an II), représentant du peuple près les armées des Pyrénées orientales et occidentales.

Elle se termine par cette phrase : *Périssent les ennemis de l'Egalité et de la Souveraineté des peuples.*

L'autre émane du secrétaire du Représentant du peuple près l'armée des Pyrénées-Orientales (1er germinal an II). La formule est aussi énergique avec une variante pittoresque : *Périssent tous les Gouvernements ennemis de l'humanité et assassins de la Nature.*

La première est manuscrite, la seconde est imprimée.

On trouvera sans doute d'autres formules curieuses. Je doute qu'il en existe de plus originales que cette dernière.

Pour clore cet exposé, j'ai à vous montrer quelques vignettes étrangères de la même époque dans les pays que le souffle révolutionnaire avait transformés : la Suisse et l'Italie.

De la Suisse, je n'ai qu'une pièce à produire où les mots Liberté et Egalité encadrent une vignette représentant l'épisode de Guillaume Tell abattant la pomme sur la tête de son fils.

C'est un *laissez-passer* daté du 27 mars 1802.

De l'Italie, par contre, je vous présente un certain nombre de documents ornés de belles vignettes symboliques, qui révèlent le souci constant que, dans ce pays, on a toujours professé pour les choses de l'art dans ses plus petites manifestations.

Notre excellent collègue, M. Bertarelli, ayant acquis récemment trois planches d'anciennes vignettes italiennes, a eu l'amabilité d'en faire faire un tirage spécial pour être offert aux membres présents au dîner, et un second tirage qui sera annexée au *Bulletin*. Nous lui adressons, pour cette nouvelle preuve de sympathie, l'expression de nos sentiments d'affectueuse reconnaissance.

En terminant, je ne puis qu'exprimer le vœu qu'il soit fait un inventaire, aussi complet que possible, des vignettes nombreuses qui ont vu le jour de la fin du XVIIIe siècle aux premières années du XIXme.

C'est une œuvre laborieuse, mais qui est digne de tenter le courage d'un érudit servi par des ressources suffisantes. Elle a été entreprise, me dit-on, commencée et ensuite interrompue, après une mise en train assez avancée.

Le concours de notre Société serait certainement acquis à ceux qui reprendraient cette tâche ; non pas, hélas, par l'offre des ressources financières que comporte ce travail : notre médiocre fortune nous impose, sous ce rapport, une réserve absolue ; mais par la production des documents qui existent dans les collections de ses membres.

C'est un concours qui, certainement, ne serait pas à dédaigner et que chacun de nous offrirait de grand cœur dans la mesure des éléments que renferment ses albums.

Henry VIVAREZ.

Communication de M. Lucien RAULET

Les lettres et papiers administratifs de l'époque révolutionnaire, qui nous occupent dans cette réunion mensuelle, sont conservés en grand nombre dans leur fonds respectif aux Archives nationales et dans les Archives de quelques grandes administrations : Archives de la guerre, de la marine, des affaires étrangères, etc. ; dans les Archives départementales et dans les Archives de certaines villes on pourrait faire d'intéressantes recherches.

Des chercheurs, des curieux, des *vieux papiéristes*, ont pensé que ces documents administratifs ne devaient pas être négligés et ils les ont fait entrer dans leur collection, mélangés avec d'autres pièces ou formant une série à part.

Parmi ces collectionneurs on cite MM. A. Begis, Bourgeot, Georges Caïn, du musée Carnavalet, notre collègue M. l'Intendant général Courtot, MM. G. Lacaille, Frédéric Masson, et l'on pourrait ajouter M. Cottreau dont on a reproduit plusieurs bonnes pièces de sa collection dans *Le Carnet de la Sabretache*, notre président, M. Vivarez, ainsi que nos collègues MM. Bertarelli, de Milan, et Désiré Lacroix. Il est à remarquer que plusieurs de ces collectionneurs ont recueilli ces lettres non à cause de leur en-tête mais parce qu'ils réunissaient des autographes des généraux de la Révolution ou des conventionnels, d'autres simplement pour compléter les œuvres d'artistes graveurs ou dessinateurs de vignettes.

Le véritable collectionneur d'en-têtes de lettres est celui qui, sans s'attacher exclusivement aux personnages scripteurs, ni à la beauté ou à la rareté des vignettes, collectionne l'en-tête pour lui-même afin d'en étudier le développement historique.

On trouve dans quelques bibliothèques publiques des recueils factices de ces lettres donnés par des collectionneurs. La Bibliothèque historique de la ville de Paris, dans le collection Liesville, possède deux volumes (n° 25.234, in-4°) contenant des « vignettes d'actes de gouvernement depuis 1660 » ce qui veut dire que, pour la première époque jusqu'à la Révolution, ce sont des vignettes d'imprimés contenant des arrêts, des ordonnances et des édits ; c'est surtout le tome II qui contient les en-têtes ; mais les pièces ne sont pas entières, elles sont découpées.

Au département des Estampes, de la Bibliothèque nationale, le recueil de ce genre de documents (Kb 132) est d'une pauvreté excessive, 25 lettres de l'Institut de France à diverses époques avec l'en-tête bien connu de la tête de Minerve, celle de l'époque révolutionnaire, où le casque est orné d'un coq, attribuée à Prud'hon ; une autre à Gatteaux (il y a la variante, la tête se détachant sur un médaillon, elle est de Roquelay), puis dans ce recueil une lettre format in-8°, bien ordinaire, fort sale, provenant du bureau particulier d'un ministre de l'intérieur sous la Révolution, deux lettres avec en-tête colorié (1848), et c'est tout. Dans la collection d'estampes relatives à l'Histoire de France, léguée par Michel Hennin, conservée dans le même département, on en rencontrera un certain nombre ; mais comme les pièces ne sont pas classées méthodiquement, mais chronologiquement, et que les en-têtes ne sont pas indiqués à la table des matières de l'Inventaire en cinq volumes de cette collection, on sera obligé de feuilleter cet inventaire ou la collection elle-même à partir du tome CXXXIV, vers l'année 1793, pour voir ces « têtes de page » comme les appelle quelquefois le rédacteur de ce catalogue.

Les Archives de la Seine en possèdent également (voy. *Essai d'une Bibliographie du vieux papier*, de notre collègue, M. Wiggishoff, dans le *Bulletin* de la Société, III, 1905, p. 21).

Mais le recueil factice le plus complet que nous connaissions est celui du département des Manuscrits à la Bibliothèque nationale (Nouv. acquisit. françaises Nos 3568 à 3571) en quatre volumes. Il paraît avoir été formé spécialement pour les vignettes ou en-têtes de lettres, et porte le titre : *Recueil de lettres de ministres, ambassadeurs, préfets, officiers généraux de la guerre et de la marine, etc., pendant les années II-XIII de la République (1794-1804)*. La plupart des pièces sont entières et elles sont classées méthodiquement par administrations : communes, municipalités, préfets et sous-préfets, mairies, administration centrale des départements, représentants du peuple en mission, comités de la Convention nationale, Directoire exécutif, les différents ministères ; celui de la guerre, en y comprenant les lettres des généraux, est largement représenté. Dans le volume n° 3569, plusieurs lettres de l'armée d'Italie, dont les vignettes ont été pour la plupart dessinées ou gravées par des artistes italiens : Appiani, Morcoli, Giovanni Folo, Tranzetti, etc., plusieurs autres de l'Imprimerie des armées à Bruxelles, gravées par A. Cardon.

Dans ce même volume (f° 169), une lettre fort curieuse avec cet en-tête : *République française, république cisalpine, république ligurienne, république batave, république romaine, république helvétique*, et au-dessous, *République universelle*, avec une carte de l'Europe méridionale et de la Méditerranée (Chabrier inv. Folo incist.).

On ne s'est pas contenté de réunir ces en-têtes de lettres, d'en faire des recueils factices : il y a déjà une littérature du sujet pour nous en donner la description ou la reproduction.

Dans le *Magasin pittoresque* (1893, p. 168), sous un titre alléchant qui rappelle celui de notre réunion : « Les Vignettes dans les documents officiels pendant la Révolution, » il est donné la simple reproduction d'un en-tête de lettre du préfet de la Seine, Frochot ; dans la composition de la vignette, signée J.-B. Merlen, se trouve une carte du département de Paris, avec ses trois divisions : Paris et les deux arrondissements de Saint-Denis et de Sceaux, avec les indications de toutes les communes, idée fort originale et très pratique pour faire connaître aux administrés la topographie de la nouvelle unité administrative dont ils faisaient partie. Nous ignorons si le *Magasin pittoresque* a reproduit d'autres en-têtes, nous n'en avons pas relevé dans le dépouillement de cette publication fait par nos collègues, MM. L. Esquieu et Papyrus.

Plusieurs volumes du *Carnet de la Sabretache* contiennent des articles et des reproductions sur ce sujet.

M. Paul Laurencin-Chapelle a traité des en-têtes de papier de correspondance dans le chap. XIX, « l'Art dans les vieux papiers » (pp. 207-219), de son ouvrage *Les Archives de la guerre*, 1898, et il a reproduit plusieurs en-têtes tirés de ces mêmes archives ; dans un article qu'il a publié dans la *Revue illustrée*, du 15 juillet 1902, il en a fait figurer une dizaine d'autres.

L'auteur le mieux informé, sur cette branche du vieux papier, est certainement M. R. Bonnet, qui a fait paraître, dès 1900, dans *l'Amateur d'autographes* (p. 248-253), « Les en-têtes de lettres pendant la Révolution », et dans la *Revue de l'art ancien et moderne* (t. XIV et XV, 1903 et 1904), « L'illustration par la correspondance révolutionnaire », étude fort intéressante et magnifiquement illustrée ; mais l'ouvrage méthodique et complet que mérite ce sujet, est sous presse chez Berger-Levrault ; il sera dû à la collaboration de MM. R. Bonnet et Boppe.

L'objet de l'ordre du jour de notre réunion : « Les vignettes du papier administratif sous la Révolution », est donc un sujet fort curieux et l'époque choisie comprend tout à la fois la création, le développement et l'apogée des en-têtes de lettres imprimés avec vignettes plus ou moins artistiques, plus ou moins originales ou symboliques ; c'est la belle époque de ces documents qui constituent une branche attrayante des collections de portefeuille.

En effet, le papier administratif de l'ancien régime est d'une simplicité extrême : aucun ornement, aucune désignation indiquant son origine autre que le sujet traité, la signature du scripteur et le nom du destinataire.

AU NOM DU PEUPLE FRANÇAIS.

ÉGALITÉ — HUMANITÉ.

LIBERTÉ. — JUSTICE.

l'an III de la République Française.

LES REPRÉSENTANS DU PEUPLE

Envoyés dans les Départemens de l'Ain, de l'Izère, Loire, Rhône, et Saône et Loire; invèstis des pouvoirs délégués aux Représentans du Peuple près les Armées;

Fig. 1. — (Coll. L. Raulet).

Nous présentons, comme exemple, ce que l'on pourrait appeler des documents négatifs si nous les comparons aux documents qui font l'objet de la réunion, une lettre de l'année 1773, de Monteynard, ministre de la guerre, et une de 1775 de Turgot, contrôleur général des finances. Il en était de même dans toutes les administrations et à toutes les époques de l'ancien régime. Ces pièces, qu'elles fussent signées par Mazarin, Colbert, Phélypeaux, Loménie de Brienne ou autres fonctionnaires, sont toutes semblables. On trouve quelquefois dans les administrations provinciales des pièces administratives avec en-tête, principalement des intendants de généralités, des lieutenants généraux de bailliage ou de sénéchaussée ; voici une lettre avec en-tête, d'un intendant de Poitiers, Charles-Bonaventure Quantin (1715) et une autre de Bertier de Sauvigny, le dernier Intendant de la généralité de Paris : on y voit les armes royales en tête et quelquefois dans le bas les armoiries du fonctionnaire.

On a pu relever dès le XVIe siècle, mais seulement dans la correspondance privée, nous dit M. Bonnet, quelques lettres agrémentées de dessins symboliques où les amours et les cœurs percés de flèches jouaient le rôle principal, mais pour le XVIIe siècle rien de semblable. Au XVIIIe siècle quelques lettres particulières ont aussi quelques ornements ; quant aux lettres administratives avec en-tête imprimé et vignettes, on n'en trouve pas trace avant celle de Barbé-Marbois, consul général de New-York en 1785, et comme le dit fort bien M. Bonnet, « depuis longtemps les commerçants employaient des artistes comme Cochin, Choffard, Gaucher, Saint-Aubin, pour dessiner et graver les têtes de leurs factures et leurs cartes commerciales », tandis que les têtes de lettres aussi bien commerciales qu'administratives n'avaient pas encore reçu cette empreinte artistique. C'est donc de la Révolution ou plutôt de la période de la monarchie constitutionnelle que date cet usage d'illustrer les en-têtes de lettres et nous pensons que la vignette des *Procès-verbaux, Assemblée nationale, La Nation, La Loi, le Roi, 1789*, avec ces mots et trois fleurs de lis encadrés dans une guirlande de feuillages, est l'origine de ces nombreuses vignettes, dans le même style, que l'on rencontre sur les lettres des Sociétés des amis de la Constitution qui couvraient alors la France. Cette vignette des Procès-verbaux a servi non seulement pour les Assemblées constituante et législative, mais encore pendant les premiers mois de la Convention, après suppression des fleurs de lis et des mots *le Roi*.

Le Secrétaire général du Théâtre de la République et des Arts,

Fig. 2. — (Coll. L. Raulet).

Voici une curieuse lettre du ministère de la guerre (fructidor an II) au moment où il n'y avait plus de ministre, les ministères ayant été dirigés pendant dix-sept mois par douze comités de la Convention; aussi sur cette lettre on a barré « Ministère de la guerre » à trois endroits, et remplacé par cette note manuscrite « La Commission de l'organisation des mouvements des armées de terre », elle est signée de Pille, commissaire. Voici d'autres lettres de ce ministère signées : Petiet, Scherer, Carnot et Alex. Berthier.

Après les lettres qui nous ont été présentées par MM. Vivarez, Bertarelli, Lacroix et Barbin, pour ne pas faire double emploi, nous nous contenterons d'en faire passer seulement quelques-unes sous vos yeux.

Le bonnet phrygien, emblème de la liberté, se trouve souvent sur les vignettes de la Révolution, soit accompagné d'autres symboles, ou se détachant seul, mais toujours en noir. En voici un en rouge. Ce bonnet rouge [1] est l'en-tête de lettre de

1. On sait qu'il y eut à Paris, en 1793, la Section du Bonnet rouge ou de la Liberté, d'abord appelée de la Croix-rouge, puis en 1794-1795, Section de l'Ouest.

Boisset, commissaire des guerres, datée de Landau, brumaire an III. (*Pl. fig.* 7). Les en-têtes coloriés sont assez rares, car si l'on trouve quelquefois près des signatures des timbres humides en rouge, les en-têtes sont toujours noirs. Pourtant nous signalons la Société des amis de la Constitution de Revel qui avait comme en-tête une vignette ou plutôt un cachet *rouge* avec le mot : *Veillès* (*sic*) au centre. L'arsenal de Nantes avait une vignette représentant une forge et au-dessus une banderole *tricolore*.

Voici, comme pour le ministère de la guerre, une lettre de la Commission de la Marine et des Colonies (19 ventôse an III) qui remplaçait alors le ministère, signée Dalbarade, simple commissaire après avoir été précédemment ministre. Le ministère rétabli (en novembre 1795), une vignette fort connue apparait. Elle représente une déesse, avec bonnet phrygien et trident, voguant sur une barque, et au-dessus sur une banderole : *Liberté des mers*. Voici deux lettres, avec cette vignette, signées des ministres Bruix (1798) et Forfait (1800). L'une d'elles, avec sa devise : Liberté des mers, forme antithèse en regard de la désignation : bureau des chiourmes.

Le département d'Ille-et-Vilaine change trois fois la vignette de son papier à lettre en moins de quatre années. Dans la période constitutionnelle, les trois fleurs de lis et la devise : la Nation, la Loi et le Roi ; bientôt, en 1792, on remplace par République française et on modifie le nom même du département ; Ille-et-Vilaine au lieu d'Isle-et-Vilaine. En 1795, l'un des trois amours qui soutiennent un

LIBERTÉ ÉGALITÉ

DÉPARTEMENT DE LA LOZÈRE.

DISTRICT DE MARVEJOLS.

Vivre Libre ou Mourir.

A Marvejols, Le 20 ventôse de l'an trois de la République Française, une et indivisible.

Fig. 3. — (Coll. L. Raulet).

médaillon, sonne de la trompette tandis qu'un autre bat du tambour. La Patrie est en danger. Nous avons vu une vignette toute différente pour ce département dans les dernières années de l'époque révolutionnaire.

Les Représentants du peuple en mission, soit auprès des départements, soit auprès des armées, soit dans les ports, ont eu de curieux et parfois artistiques en-têtes de lettres ; il serait intéressant d'en faire un relevé complet : en voici une des représentants envoyés dans cinq départements du sud-est, avec les mêmes pouvoirs que ceux des délégués aux armées (*fig. 1*).

Le Théâtre de la République et des Arts avait également sa vignette (*fig. 2*). C'était alors l'Opéra lorsqu'il se trouvait sur l'emplacement actuel du square Louvois. Le signataire Battin, secrétaire général, « homme moral et citoyen dévoué au gouvernement », en réclamant au préfet son inscription sur leur liste de notabilité communale de Paris, malgré l'en-tête de la lettre, soulignait son domicile *Théâtre des Arts*, rue de la Loi (rue Richelieu). Dès la fin de 1801, on sentait déjà percer l'Empire sous le Consulat, et la République était bien près de disparaître.

Le district de Marvéjols (Lozère) a un coq dont la gracilité est assez originale. (*Fig. 3*).

Voici un autre en-tête d'une administration de Mantes avec la vignette, que l'on retrouve ailleurs, un œil dont la paupière porte le mot : *Surveillance*, et au-dessus : *Il se fronce devant la tyrannie*. Elle est accompagnée de la devise : *La probité et la bonne foi sont à l'ordre du jour*. (*Fig. 4*).

Dans l'article de M. R. Bonnet de *l'Amateur d'autographes* une vignette-rébus est reproduite : parmi les médaillons et les attributs il y a un bonnet phrygien et une tête de mort qui se font pendant et entre les deux : *Point de milieu*. La signification en est claire : point de milieu, la liberté ou la mort.

Le même auteur reproduit une vignette parlante, que nous avions déjà relevée

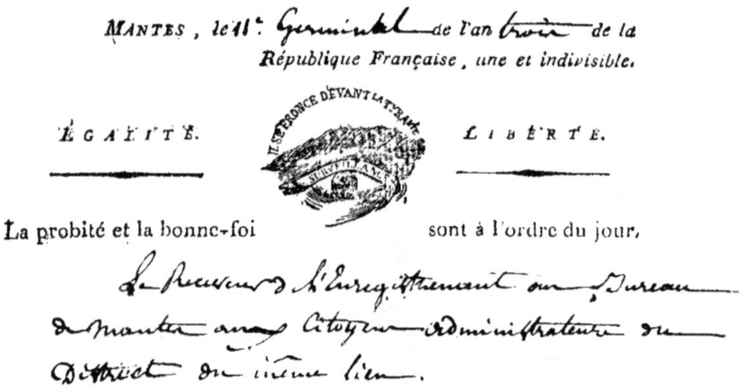

Mantes, le 11e Germinal de l'an trois de la *République Française, une et indivisible.*

ÉGALITÉ. — IL SE FRONCE DEVANT LA TYRANNIE — SURVEILLANCE — LIBERTÉ.

La probité et la bonne-foi sont à l'ordre du jour.

Le Receveur de l'Enregistrement au Bureau de Mantes aux Citoyens Administrateurs du District du même lieu.

Fig. 4. — (Coll. L. Raulet).

aux Archives nationales, c'est celle de la Caisse générale du département de l'Yonne : Une fontaine dont l'eau tombée dans une vasque se subdivise en plusieurs conduits, et en exergue : *Remplissez-moi pour que je verse*. Nous croyons que l'un des fonctionnaires de notre Société se propose de reproduire cette vignette sur notre papier administratif et de la faire passer ainsi sous les yeux de nos collègues.

M. R. Bonnet, dans cette étude, dit : « Les républiques sœurs imitèrent l'exemple de leur aînée et c'est certainement à la Suisse que se rattache la vignette reproduite. » Cette vignette représente un paysage terminé par une montagne, avec un pâtre conduisant du bétail. La forme dubitative employée fait croire que l'on ignore la provenance de cette pièce. Elle pourrait aussi bien être une vignette de l'une de nos sociétés d'agriculture à l'époque de la Révolution. En voici une de la Société libre d'agriculture du département des Ardennes, dans le même style, avec un laboureur conduisant sa charrue et comme devise : *Amour du travail*. (*Pl. fig. 5*).

Un autre en-tête du genre bucolique, de l'an II, est celui des Sans-Culottes de la Campagne de Commune-Affranchie. (*Pl. fig. 6*).

Nous avons vu aux Archives nationales un curieux en-tête, dont la vignette et la devise sont, non pas au milieu, mais complètement dans le coin gauche de la lettre (an V). La vignette représente deux amours tenant un cartouche sur lequel on lit : *Institut national des aveugles travailleurs. Au coin des rues Denis et des Lombards* et au-dessous, dans un rectangle : *La Société leur doit secours, instruction, travaux : La République honore en eux le malheur.*

Les devises, comme on le voit, sont parfois intéressantes ; en voici plusieurs autres relevées dans notre collection ou ailleurs :

Égalité, Liberté, Fraternité, Triomphe de la République ou la Mort.—Respect à la loi. (*Pl. fig. 6*).

Qui sert bien sa patrie n'a pas besoin d'aïeux.

Nous jurons de vaincre. — La victoire ou la mort.

Mourir pour son pays c'est vivre pour la gloire.

Vrit amor patriæ est la devise d'un commissaire près le tribunal de Toulon.

Guerre aux tyrans. — Mort aux intrigants et aux inutiles.

Guerre à tous les vices. — Guerre aux accapareurs, aux modérés et aux traîtres.

Le bonheur est dans la simple nature.

Surveiller et s'instruire.

Guerre aux tyrans, aux dilapidateurs. Protection à l'industrie. Paix à la vertu. (C'est la devise de Blutel, représentant du peuple, dans les ports de la Rochelle, Bordeaux, etc.)

Français, tout le salpêtre. Vélocité. (Régie générale des poudres et salpêtres).

Guerre aux châteaux, paix aux chaumières.

Justice et vertu. Voilà l'ordre du jour.

Justice à tous ; Paix aux bons ; Guerre aux méchants.

Guerre aux partisans de la terreur. — Guerre aux partisans des émigrés et de la royauté.

Le peuple est souverain.

Amour des lois et de l'humanité.

Les arts nourrissent l'homme et le consolent.

Non tyrans, plus d'espoir ; la mort marche avec nous
La mort est dans nos mains et va fondre sur vous.

Par Avisse, aveugle de l'Institution nationale. C'est la devise de la section révolutionnaire de l'Arsenal

Voici pour terminer ce que l'on peut voir sur une lettre conservée au département des Manuscrits de la Bibliothèque de l'Arsenal (n° 6472). L'en-tête imprimé République française, est effacé et remplacé à la plume par Empire français et la vignette représente un port de mer avec un officier entre une barque et un canon. Cette vignette a pour devise : *Post tenebras lux*, et au-dessous : Paris le 19 prairial an 1er du Règne de l'Empereur Napoléon Bonaparte. P. Quantin, général de division, membre de la Légion d'honneur ; et ce qui est le plus curieux, c'est de voir sur ce vieux papier, un siècle avant l'entente cordiale, ces mots manuscrits qui semblent être de la main du général : « Nous irons en Angleterre d'où nous reviendrons vainqueur ».

L'époque révolutionnaire est terminée : avec l'empire, les en-têtes de lettres administratives et militaires perdent de leur intérêt symbolique et artistique.

LUCIEN RAULET.

FABER FABRICANDO

www.ingramcontent.com/pod-product-compliance
Lightning Source LLC
LaVergne TN
LVHW052032160826
845678LV00003B/1294

* 9 7 8 2 3 2 9 6 3 8 3 7 9 *